Afrika blieb das Sehnsuchtsland der dänischen Baronin Tania Blixen, auch als sie ihren Lebenstraum einer Kaffeeplantage in Kenia »am Fuße der Ngong-Berge« nach 17 Jahren 1932 endgültig aufgeben mußte. Ein noch größerer Schicksalsschlag war für sie das Scheitern ihrer leidenschaftlichen Liebe zu dem englischen Adligen Denys Finch Hatton und dessen früher Tod bei einem Flugzeugabsturz.

Anita Albus' kluger und schöner Essay ›Das Los der Lust‹ spürt den subtilen Mechanismen des Erinnerns, der Phantasie, des Mystifizierens nach, mit denen Tania Blixen in ihrem literarischen Werk die Schrecken des Schicksals für sich zu deuten versucht. Ihr lebenslanger Traum, »wie ein Vogel die Erde unter sich versinken zu sehen«, war ihr oft genug Rettung.

Anita Albus

Das Los der Lust

Ein Versuch über Tania Blixen

S. Fischer

Umschlagfoto: Tania Blixen 1924 mit ihrer zahmen Eule ›Minerva‹

Satz: Fotosatz Otto Gutfreund GmbH, Darmstadt
Druck und Bindung: Clausen & Bosse, Leck
Printed in Germany
ISBN 978-3-10-000621-9

I

Zeit nur, ach, Zeit nur erbitt ich und Raum und Ruhe dem Wahnsinn,
Bis mich das Schicksal in meinem Leide die Trauer gelehrt hat.
Vergil, Aeneis (Didos Klage)

Der eine Fittich und die vielen Vögel

Schwer hat der Albatros an Land an seinen mächtigen Schwingen zu tragen. Ihn mit den Winden spielend über den Meereswellen durch die Lüfte gleiten zu sehen, war ein Höhepunkt in Tania Blixens Leben. Es war der Vater, der sie in ihrer Kindheit unter seine Fittiche nahm und die Liebe zur Natur, zu den wilden Tieren, namentlich den Vögeln, auf sie übertrug. Wenn er in unvorhersehbaren Zeitabständen aus ihr unbekannter Ferne heimgekehrt war, nahm er sie bei der Hand und lehrte sie unter freiem Himmel die Flugsilhouetten der Greifvögel, die Stimmen der Sänger zu unterscheiden, die Vorzeichen der Migration zu erkennen. »Eine ganze Welt tut sich einem auf, wenn man vom Vogelzug hört, dem riesigen Netz, das um den Erdball gesponnen wird auf Grund eines uns unbegreiflichen Rufes, der die Vögel zwingt, ihr Leben einzusetzen«,[1] schreibt sie in Erinnerung an die Streifzüge mit dem Vater. Die Nachricht von seinem Tode nahm sie als Zehnjährige zitternd auf. Wann genau sie erfuhr, daß der Wagemutige, den sie als einen Zugvogel liebte, sich wie ein Deserteur an einem Deckenbalken erhängte, ist nicht überliefert. Seiner Fittiche beraubt der Schwere preisgegeben, dichtet sie: »In seinem Gefängnis singt mein Herz von Schwingen nur, von

[1] Tania Blixen, *Mottos meines Lebens. Betrachtungen aus drei Jahrzehnten*, Reinbek bei Hamburg, 1993, S. 294.

Schwingen.«[2] Aus grausamer Bürde und unauflöslicher Verstrickung trieb ihr Wunsch hervor, ungebunden und schwerelos die Erde unter sich versinken zu sehen.

Lebensinbrünstig wie ein Vogel zog sie 1914 ins Hochland Britisch-Ostafrikas. Nichts lag ihr ferner, als das Rätsel des Zugzwangs mit dem Kampf ums Dasein zu erklären. Lieber sah sie ihre Träume im Giraffenbeispiel des Chevalier de

Tania Blixen, 1915

Lamarck gespiegelt. Alt ist die Welt und wandelbar. Unermeßlich sind die Zeiträume, über die die Natur verfügt, ihre Geschöpfe dem Wandel anzupassen. Aus dem Wunsch, die frischen Wipfelsprosse der Schirmakazien mit der Zunge zu umfassen und zu verschmausen, soll, »par des efforts de sentiments intérieurs«, der langstengelige Hals der Giraffen hervorgegangen sein. Aus Darwins Wüste sei sie, jung noch, in Lamarcks grünende Gärten gekommen, schreibt Tania Blixen

[2] Karen Dinesen, »Vinger«, in: *Osceola*, Kopenhagen 1962, S. 141.

1923 in ihrem Essay »Moderne Ehe und andere Betrachtungen« und verkündet: »Wollt ihr in der Luft fliegen? (...) Dann haltet ein paar tausend Jahre an eurem Wunsche fest, und es werden euch Flügel wachsen.«[3]

Ein Lichtbild von 1924 zeigt sie im Speisezimmer ihrer kenianischen Farm mit einer jungen Eule auf der Schulter, einem Woodfordkauz vielleicht oder einem Fleckenuhukind. Während der Aufnahme wackelnd hat sich das Käuzchen neben dem Kopf seiner Ziehmutter der Bestimmbarkeit entzogen. Minerva wurde es genannt. In Afrikas Steppen ernähren sich die Eulen vor allem von Eidechsen und Schlangen. Fusseln und Fäden, die sich in der Zugluft auf dem Fußboden bewegen, muten wie Beute an. Als solche wurden sie vom Käuzchen erjagt und verschlungen. Eine sich ringelnde Gardinenschnur wurde ihm zum Verhängnis. Es schluckte das vermeintliche Reptil und erhängte sich daran. Kein Wort darüber aus Tania Blixens Feder. Minerva starb einen Tag vor ihrer Europareise Anfang März 1925. Da war es schon eine Weile her, daß sie in einem Stilleben eine ausgestopfte Eule dieser Art gemalt hatte, nicht ahnend, daß es einmal das Erinnerungsbild an den Kauz werden würde, der das gleiche Ende wie ihr Vater nahm.

Im Sommer 1923 hatte ihr Geliebter Denys Finch Hatton seine Habseligkeiten bei ihr untergebracht, um wie immer bald wieder das Weite zu suchen, ein Zugvogel auch er. Sie verstand seine Herzlosigkeit als die eines Ariel, sein Wesen als so rein, klar, ehrlich und durchschaubar wie das Element, das ihr das liebste war. Er nannte sie Titania. Es spricht für seine Selbstironie. Wenn der Baronin Gatte Bror Blixen Oberon sein sollte, dann konnte er selbst nur der eselsköpfige Zettel

[3] *Mottos* 1993, S. 16.

sein, den zu lieben Titania auf Grund eines Augenzaubers gezwungen war, der an die Prägung einer frisch geschlüpften Graugans erinnert, die als erstes Wesen einen Menschen erblickt.

In seine eigenen Liebschaften verstrickt, versäumte Oberon Blixen, den Zauber zu lösen wie im »Sommernachtstraum«. Ob Titania Blixen ahnte, daß ihr Zettel in der schönen Beryl

Denys Finch Hatton als junger Mann

Markham ab 1923 eine Parallelgeliebte fand, hat sie im Dunkeln gelassen. »Ich bin für Zeit und Ewigkeit an Denys gebunden«, vertraut sie ihrem Bruder an, »gezwungen, den Erdboden zu lieben, auf den er tritt, über die Maßen glücklich zu sein, wenn er hier ist, und jedesmal Schlimmeres als den Tod zu erleiden, wenn er geht.«[4] In tausendundeiner Nacht hat sie erzählend den »Tod« aufgeschoben, von dem sie wissen mußte,

[4] Tania Blixen, *Briefe aus Afrika*, herausgegeben und eingeleitet von Frans Lasson. Aus dem Dänischen übertragen von Sigrid Daub, Stuttgart 1988, S. 249.

daß er unabwendbar war. Nur in der Aussichtslosigkeit hat die Liebe zum Unmöglichen Bestand. Die bittere Erfahrung vom Oktober 1922, daß es nicht dem Plaisir ihres lauschenden Lords entsprach, wie Scheherazades Sultan die Aussicht auf einen Sohn präsentiert zu bekommen, hat sie im Mai 1926 noch einmal wiederholt. Im April 1930 zog ihr Geliebter mit seinen Siebensachen in die Nähe der flotten Fliegerin Beryl. Im Vorjahr hatte er in England den Flugschein erworben, und von dort kehrte Titanias Traumpilot im September 1930 mit einem eigenen Flugzeug zurück. »Nzige« taufte er seinen leuchtend gelb lackierten Doppeldecker, der Suahelíname für Heuschrecke.

Unerwartet landete der gelbe *grashopper* auf Titanias Grasland. In ihm erfüllte sich ihr Traum, wie ein Vogel die Erde unter sich versinken zu sehen. Das »feingezeichnete Schildpatt« der Steppenlandschaft, die Flamingoperlen im blendend blauen Natronsee, die grasenden Büffel im Mäuseformat auf einer grünen Stoffrippe am Hang der Ngongberge, die ganze Welt unter ihr offenbarte einen Sinn, der Rettung verhieß. »Ich begreife«, sagte sie sich, »so war's gemeint, jetzt verstehe ich alles.«[5]

Wieviel Zeit seit dem letzten Flug mit dem Geliebten vergangen war, als dieser in Begleitung eines seiner Boys am 14. Mai 1931 abstürzte, ist ein Geheimnis der Autorin, die ihre göttliche Erzählperspektive in den Lüften fand. Auch die von Denys Finch Hatton vollzogene Trennung, die ihn bewog, einen ihr einst aus Abessinien mitgebrachten Goldring zurückzufordern, findet in ihren Erinnerungen keine Erwähnung. Mit der Feder hat sie stets den über jeden Zweifel er-

[5] Tania Blixen, *Afrika dunkel lockende Welt*, aus dem Englischen übertragen von Rudolf von Scholtz, Stuttgart 1938, tb Reinbek bei Hamburg 1959, S. 153.

habenen archimedischen Standpunkt eingenommen, von dem aus alles gestützt oder ausgehebelt werden kann. Eine großherzige Geste deckt im Afrikabuch die schnöde Rückforderung des Ringes. Er soll aus so weichem Gold gewesen sein, daß er sich von ihrem auf den Finger des Geliebten zaubern ließ, und weil sie die Flammen, in denen sein Flugzeug beim Absturz aufging, ebenso wegblendet wie die drei verkohlten Apfelsinen, die aus den Trümmern der Maschine rollten, kann sie uns getrost überzeugen, daß der Ring ihren Geliebten noch im Grabe schmückt. Die krude Trennung selbst hat sie in eine wahrhaft würdige Abschiedsszene verwandelt. Nach dem Versprechen, an dem Tag, der sein Todestag werden sollte, zum Mittagessen wieder auf der Farm zu sein, braust der Geliebte mit seinem Wagen davon. Kaum um die Ecke gebogen, macht er wieder kehrt, um ein Buch mitzunehmen, aus dem er ihr, den einen Fuß schon auf dem Trittbrett des Wagens, mit der Ankündigung: »Da sind sie, deine grauen Gänse«, die Zeilen eines Gedichtes vorliest, über das sie gesprochen hatten:

»Graugänse sah ich fliegen über das flache Land,
Wildgänse schwirrend in den hohen Lüften
– Unbeirrten Flugs von Horizont zu Horizont –,
Mit ihrer Seele straff in ihren Hälsen ...
... Und ihr graues Weiß bebändert die ungeheuren Himmel
Und die Speichen der Sonne über faltigen Gebirgen.«[6]

»Wildgänse« heißt das Gedicht der Poetin und Schauspielerin Iris Tree. Der mit seinen »ererbten Fittichen« Davonfliegende hat etliche Zeilen übersprungen und eine aus dem Steg-

[6] Karen Blixen, *Out of Africa*, London 1937, tb London 1954, S. 297, übers. von A.A.

reif hinzugedichtet. Das Ausgelassene offenbart, wohin die Reise geht:

»Graugänse sah ich fliegen über das flache Land,
Wildgänse schwirrend in den hohen Lüften,
Sah in ihnen die Symbole, als die ich sie empfand,
Spürte meine Seele sich in ihren Hälsen straffen –
Über eherne Felsen des Nordens am gekräuselten Meer,
Mit dem frühlingsgrünen, die Erde durchbrechenden Korn,
Den Rippen eines schwarzen Schiffes, das im Sand verfault,
Rippen eines Riesen
In den endlosen, changierenden, brandungsgeprägten Linien der Wüsten-
Dünen ...
Wildgänse sah ich fliegen vor Sonnenaufgang,
Ererbte Fittiche auf ihre windigen Pfade gepeitscht,
Und ihr graues Weiß bebändert die ungeheuren Himmel,
Und die Speichen der Sonne über faltigen Gebirgen ...«[7]

Die schwarzen Rippen eines verrottenden Schiffes am Strand präfigurieren den ausgebrannten *grashopper*, den Sturz des Riesen. »Um übersehen zu können, was einem genau vor der Nase liegt, bedarf es einer ungewöhnlichen Überlegenheit«[8], kommentiert Tania Blixen in ihrem Essay »Moderne Ehe und andere Betrachtungen« das »Nichts«, das König Ludwig XVI. am 14. Juli 1789 in sein Tagebuch eintrug. Was immer die letzten Worte Denys Finch Hattons in Wahrheit

7 Lasse Horne Kjaeldgaard hat das Gedicht von Iris Tree (1897–1968) in dem Sammelband *The traveller and other Poems* (New York, 1927) gefunden. Ich danke Marianne Wirenfeldt Asmussen und Anne Sofie Tiedemann für die Übermittlung dieser Information. Bei der Übertragung des Gedichtes war mir Joachim Utz behilflich.
8 *Mottos* 1993, S. 62.

gewesen sein mögen, die Wahrheit der verdichteten Abschiedsszene hat eine andere Dimension. In ihr fallen die Gegensätze von Weitsicht und Verblendung zusammen. Hellsichtig wie ein Gott und ahnungslos wie der König am Tag der Revolution liest der Geliebte das Gedicht, in dem sein Tod verborgen ist, und zieht, den einen Fuß in den Wolken, den anderen schon im Grab, fröhlich davon.

Ein Platz in den Bergen, den Tania Blixen einst für das eigene Grab ausersehen hatte, mit grandioser Aussicht auf den Kilimandscharo in der Ferne und einem kleinen roten Fleck im näheren Grün – dem Ziegeldach ihres Hauses auf der Waldlichtung –, nahm den Leichnam ihres Geliebten auf. Sie war nun seine bessere Hälfte und galt als solche endlich auch in den Augen der Welt. Was das Leben ihr versagt hatte, verlieh ihr der Tod. Welche Metamorphosen sie aus der Vogelperspektive in ihm wirksam sah, hat sie im Afrikabuch nicht im Kapitel »Das Grab in den Bergen«, sondern in der ihm vorausgehenden Schilderung des sterbenden Kinanjui festgehalten, des alten Häuptlings der Kikuju:

»Jetzt breitete sich der Fittich des Todes über das Manyatta und bildete, wie ein starker Magnet, das Kraftfeld um, so daß sich neue Gruppen und Verbindungen zu einem neuen Muster ordneten.« Nichts Barmherzigeres als der Fittich des Todes, nachdem eine Hälfte von ihr in den Ngongbergen begraben lag. Welchem Kraftfeld es entsprach, daß sie es schweren Herzens über sich brachte, »ihrem« Häuptling, wie sie ihn nennt, dem es vor der Einweisung ins Missionskrankenhaus graute, weshalb er sie bat, in ihrem Haus sterben zu dürfen, den letzten Wunsch abzuschlagen, bleibt in der Schilderung ihres Besuches in der großen Hütte zunächst rätselhaft. Wackelig wie der Stuhl, auf dem sie am Bett des Sterbenden Platz genommen hat, sind die Argumente, mit denen sie ihr

Gewissen zu beschwichtigen sucht. Bei ihrem Nein verdüsterte sich das Antlitz ihres getreuen Dieners Farah. Zutiefst verstört nahmen die versammelten Alten der Kikujus die Ablehnung auf, während der in seiner Blöße aufgebahrte Kinanjui reglos und stumm seine Augen weiter auf die Herrin geheftet hielt, die sie nicht mehr war. Grausamer als zu dem Sterbenden war sie mit ihrem Nein zu sich selbst. Als sie in die kalte Nacht hinaustrat, »es mochte nach Mitternacht sein«, hörte sie »im Dorf einen von Kinanjuis Hähnen zweimal krähen«[9]. Er krähte zur Unzeit, denn auch er gehorchte in dieser Schicksalsanekdote nicht seiner Natur, sondern erfüllte eine Verheißung.

Das Haus auf der Waldlichtung gehörte der Erzählerin nicht mehr. Es war mit seiner horrenden Hypothek in den Besitz eines Bauunternehmers übergegangen. Die notwendige Liquidierung der Karen Coffee Company stand noch aus, und das Schlimmste war in die Wege geleitet: die Umwandlung ihrer 6000 Morgen Wald, Grasland und Felder in Bauerwartungsland. Während der verbleibenden Gnadenfrist bis zur letzten Kaffeebohnenernte sorgte sie dafür, daß ihre dienstbaren Geister mit ihren Familien, ihre Squatter mit dem Vieh, die eigenen Hunde, Pferde und Ochsen in anderen Häusern, unter anderer Herrschaft, eine würdige Bleibe fanden. Sie mußte alles verlorengeben, womit sie eins gewesen war: die Kikuju, Massai und Somali, die wilden und die zahmen Tiere, die blauen Berge und die spiegelnde Luft, das hohe Gras und die blühende Steppe, die fiebrige Dürre und den Nachtwind im Dorngebüsch. Welches dichterische Vermögen ihr aus dem Verlust von allem, was sie liebte, zuwachsen würde, konnte sie im Mahlstrom der Ereignisse unmög-

[9] *Afrika dunkel lockende Welt* 1959, S. 211.

lich erkennen. Aber etwas in ihr war ihr selbst voraus. Ihre Weigerung, den sterbenden Kinanjui aufzunehmen, zeugt davon, daß die Bildung des Kraftfeldes, in dem sich die komplexen Muster ihrer Erzählungen entfalten sollten, bereits vollendet war.

Es heißt, ein Unglück komme selten allein. Im Leben von Tania Blixen trat es als Serie auf. An den Zufall zu glauben verbot ihr der Stolz, der mit dem Vertrauen in die Sinnfälligkeit des Schicksals verknüpft war. In der bodenlosen Finsternis ihrer Trauer um den Geliebten machte sie sich eine Woche nach seinem Tode auf die Suche nach einem Zeichen, das ihr den Sinn erhellen könnte, der im Kern ihres geballten Unglücks verborgen war. Ein weißes Geflügel half ihr auf die Sprünge. Zum Gelächter der großen Mächte, die sie in ihrer Verzweiflung angerufen hatte, begegnete es der Tapferkeit eines kleinen Reptils mit der seiner Natur gemäßen ganz unbiblischen Herzlosigkeit.

»Fathimas großer, weißer Hahn stolzierte auf mich zu«, schreibt die Sinnsucherin im vorletzten Kapitel ihres Buches. »Plötzlich blieb er stehen, legte den Kopf erst auf die eine Seite und dann auf die andere und steifte seinen Kamm. Von der anderen Seite des Weges kam aus dem Grase ein kleines Chamäleon, das, wie der Hahn, auf seinem morgendlichen Erkundungsgang begriffen war. Der Hahn schritt stracks darauf zu – denn Hühner töten und fressen derlei Getier – und stieß ein paar Gluckser der Befriedigung aus. Das Chamäleon erstarrte, vom Anblick des Hahnes gebannt. Es hatte Angst, aber es war zugleich sehr tapfer, es pflanzte seine Füßchen stramm auf den Boden, öffnete sein Maul, soweit es nur ging, und schoß, seinen Feind auf einen Hieb zu verscheuchen, seine keulenförmige Zunge gegen den Hahn ab. Der Hahn stand eine Sekunde verblüfft da, dann ließ er rasch und entschieden seinen Schnabel wie einen Hammer niedersausen und knipste dem Chamäleon die Zunge ab.«[10]

Sie verstand es nicht gleich. Vor Angst erstarrt wie das Chamäleon im Bann des Hahnes, sitzt sie lange da, unfähig, das Zeichen zu begreifen. Als ihr im Verlauf der nächsten Tage aufgeht, daß ihr das »Grauenvolle und Furchtbare« des eigenen Schicksals *en miniature* vorgeführt worden war, wird ihr auch klar, warum die angerufenen Mächte über sie wie »über alle Hähne und Chamäleons« gelacht hatten und das Gelächter im Echo aus den Bergen eine Antwort fand. Sie sah es als einen Akt der Barmherzigkeit an, daß sie das Chamäleon unmittelbar nach der Zungenamputation mit einem großen Stein erschlagen hatte, um ihm einen qualvollen Hungertod zu ersparen. Das Rätsel ihrer Verstummung über die Entzweiung von Denys Finch Hatton war in ihm verkörpert. Es auszulöschen war ihr ein Trost.

Fünf Jahre waren seit ihrer Heimkehr nach Rungstedlund vergangen, als sie ihre Erinnerungen an Afrika festhielt. »Schwingen« heißt das Denys gewidmete Kapitel, das mit einer Lobpreisung des Fliegens schließt. Von Liebesglück und Liebespein keine Silbe, aber eine Spur an der Nahtstelle zu einem Shelleyzitat im Abschnitt über den ersten Flug mit dem Geliebten. Die Schilderung geht vom Gesehenen zum Gefühlten über. Sie beginnt mit dem Schauspiel wechselnder Witterungen, vom Regenbogen über grünem, sonnigem Land und gigantischen Wolkentürmen bis zum finsteren Unwetter, das die im offenen *grashopper* Fliegenden in wilder Jagd umkreist und den die Luft klärenden Regenschauern. Hoch über Täler und Vulkane aufsteigend kommen sie bis zu »den Ländern auf der abgewandten Seite des Mondes«, während sie im Tiefflug über

[10] Ebda. S. 228 f.

den Tieren der Steppe schweben, »wie Gott, als er sie eben erschaffen hatte, ehe er Adam auftrug, ihnen Namen zu geben«. Das Beglückende, die Wonne des Fliegens sei jedoch nicht, was man sehe, sondern das Fliegen selbst, versichert sie und fährt nach einer Klage über die »trübe Not und Sklaverei« irdischen Daseins mit ihrer Hymne auf das Fliegen fort:

»In der Luft aber genießt man die volle Freiheit aller drei Dimensionen, nach Jahrhunderten der Verbannung und der Träume stürzt sich das sehnende Herz in die offenen Arme des Raumes. Die Gesetze der Schwerkraft und der Zeit

›... spielen in des Lebens grünem Hain
wie gezähmte Raubtiere, niemand wußt' wie sanft
sie auch seien!‹«[11]

In gemeinsamer Begeisterung für Shelley, den großen Dichter des *Prometheus Unboud*, hatten Denys und Tania einander häufig aus diesem und anderen Werken des Jungverstorbenen vorgelesen. Denys Flammentod muß ihr wie eine Luft- und Feuervariante von Shelleys Tod in den Fluten erschienen sein. Der Dichter ertrank 1822, als er mit seiner Segeljacht »Ariel« bei einem Sturm im Golf von La Spezia kenterte. Wie ein fernes Echo schwingen in der Flugschilderung Verse aus dem *Entfesselten Prometheus* mit.

Im letzten Akt des lyrischen Dramas triumphiert die Liebe über das Böse in der Welt. Die Gespenster Haß, Furcht und Pein sind für immer entschwunden. Zur Feier der erlösten Schöpfung treten Erde und Mond als liebende Geschwister auf. Ihren Wechselgesang eröffnet Bruder Erde mit einem Jubellied:

[11] Ebda. S. 153; Rudolf von Scholtz hat das Shelleyzitat unkenntlich gemacht und verwirrend übertragen. Ich habe meine Übersetzung an die Stelle gesetzt.

»O Freude, Triumph, die die Sinne berücken!
O grenzenlos überströmend Entzücken!
Begeisterung, taumelnder Jubel, von nichts gezügelt!
Ha, wie mit einer Atmosphäre von Licht
Mich strahlende Wonne selig umflicht,
Mich tragend wie Wolken, vom eigenen Hauche beflügelt.«[12]

Schwester Mond preist darauf den irdischen Geist, der ihre Eisgestalt wie ein flammenwarmer Strahl durchdringt:

»Mit Duft und Sang und Liebe, wonniglich
Durch mich, durch mich!«[13]

Bruder Erde hingegen besingt die Liebe als eine alles besiegende Macht, die so blitzartig hereinbricht wie Licht in gespaltene Höhlen.[14] Während er im Freiheitsrausch die göttlichen Wirkungen der Liebe bejubelt, himmelt ihn die erlöste Mondmaid in Minneliedern an:

[12] Percy Bysshe Shelley, *Prometheus Unbound*, London 1820, Act 4. In der Übertragung von Helene Richter.
»The joy, the triumph, the delight, the madness!
The boundless, overflowing, bursting gladness!
The vaporous exultation, not to be confined!
Ha! ha! the animation of delight
Which wraps me, like an atmosphere of light,
And bears me, as a cloud is borne by its own wind!«
Der entfesselte Prometheus. Deutsch in den Versmaßen des Originals und mit Anmerkungen versehen von H. Richter, Leipzig 1898, S. 102 f. – Helene Richter, 1861 in Wien geboren, kam 1942 in Theresienstadt um. Sie begründete ihren Ruf als Anglistin mit ihrer *Geschichte der englischen Romantik*. Ihre in kleiner Auflage erschienene Übertragung des *Prometheus Unbound* ist zu Unrecht vergessen.
[13] »With love, and odour, and deep melody
Through me, through me!«
Ebda., S. 103.
[14] »Ins Leere, in deine Zerstörung bricht
Die Liebe nun ringsum herein, wie das Licht
In Höhlen, die plötzlich gespalten vom Donnerschalle.«
Ebda.

»DER ERDBALL

(...)

Der Mensch, nun die Seele der Seelen nur,
Ihr göttlich Gericht seine eigne Natur
Drin alles strömet ins All, wie Flüsse ins Meer.
Und Liebe verschönert alltägliche Thaten,
Es spielet der Schmerz *auf des Lebens Matten,*
Ein Raubtier, gezähmt, man wußt' nicht, wie sanft es auch wär'.

(...)

DIE MONDSCHEIBE

Wenn sich im Kuß die Lippen regen,
Und Seele kommt der Seel' entgegen,
Wird ruhig das Herze, das erst bebend schwoll.
So, fällt dein Schatten nur auf mich,
Verstumme ich, bedeckt durch dich,
Von Lieb' zu dir, aus dem mein Leben quoll,
Voll, o übervoll.

(...)

Mein Bruder, wo dein Flug auch wallt,
Ich muß dir folgen, wirbeln, gleiten,
Hineilend durch des Himmels Weiten.
Schutz vor des leeren Raumes Gier
Giebt deiner Seel' Umarmung mir;
Ich saug aus deinem Sinn und Blick
Macht, Schönheit, Majestät und Glück,
Sowie der Mensch voll Liebesglut,
Wie des Chamäleons wilde Brut,
Dem gleichen, drauf ihr Auge ruht (...)«[15]

Als Gesetze der Schwerkraft und der Zeit getarnt, lauern die allegorischen Raubtiere Mühsal, Schmerz und Gram dem Leser auf. Ihrer Spur in des Lebens grünem Hain bis zu den Ländern auf der abgewandten Seite des Mondes folgend, begegnet er einem kleinen Chamäleon, das sich in großer Liebe dem anverwandelte, worauf es in tausend und einer Nacht geschaut hatte.

»Wirft der Vollmond auf den Kies der Einfahrt einen Schatten, der dem meinen gleicht?«, fragt sich die Erzählerin in *Out*

[15] Ebda., S. 106 f.

»*The Earth*

(...)

Man, one harmonious soul of many a soul,
Whose nature is its own divine control,
Where all things flow to all, as rivers to the sea;
Familiar acts are beautiful through love;
Labour, and pain, and grief, *in life's green grove*
Sport like tame beasts – none knew how gentle they could be!

(...)

The Moon

As in the soft and sweet eclipse
When soul meets soul on lovers' lips
High hearts are calm, and brightest eyes are dull:
So when thy shadow falls on me,
Then am I mute and still, by thee
Covered: of thy love, Orb most beautiful,
Full, oh too full!

(...)

Brother, wheresoe'er thou soarest
I must hurry, whirl and follow
Through the heavens wide and hollow,
Sheltered by the warm embrace
Of thy soul from hungry space,
Drinking from the sense and sight
Beauty, majesty, and might,
As a lover or chameleon
Grows like what it looks upon (...)«

of Africa.[16] »Sie, die als erste den neuen Mond sieht«, wurde sie von den Eingeborenen genannt.[17] Dem Mond verbunden, wie es sich für eine Beschützerin der wilden Tiere ziemt, begriff sie die Liebe als eine Macht, wie sie Bruder Erde im *Entfesselten Prometheus* besingt. In ihren Augen war Eros eher ein ausgewachsener Bösewicht als ein geflügeltes Knäblein mit Köcher. Zwar verschmäht er nicht das Bogenschießen, aber aus der Nähe holt er wie Hephaistos mit dem Hammer aus. Das »alte griechische Lied«, das sie im Afrikabuch zitiert, hatte ihr ein »Freund« übersetzt:

»Eros struck out, like a smith with his hammer,
so that the sparks flew from my defiance.
He cooled my heart in tears and lamentations,
like red-hot iron in a stream.«[18]

Treffender als der Freund, der wohl Denys Finch Hatton hieß, hat Mörike Anakreons Distichon übertragen:

»Wie mit Machtstreichen der Schmied, so hämmert' erst mich Eros,
Und im Wildbache nun, schreckt er grausend kalt die Glut mir.«[19]

Nichts Sanftes eignet diesem Eros. Es ist der Alles Bezwingende der antiken Kosmogonie, dem sich alles Erschaffene verdankt, die Macht, die die Welt zusammenhält, und das unerschöpfliche Prinzip, aus dem sie sich erneuert. Der Erstgeborene der Götter ist das Kind der schwarzgeflügelten Nacht und des sie befruchtenden Windes. Nicht aus einem Schoß,

[16] *Out of Africa* 1954, S. 76.
[17] Tania Blixen, *Schatten wandern übers Gras.* Deutsch von W. E. Süskind, Frankfurt a. M. 1961.
[18] *Out of Africa* 1954, S. 269.
[19] Eduard Mörike, *Sämtliche Werke*, München 1967, 1974, Bd. II, S. 854.

aus einem Ei ist er geschlüpft, eine Art und Weise, das Licht der Welt zu erblicken, die Tania Blixen beneidenswert fand. Heroisch hat sie jegliche Schmerzen ertragen, aber vor dem Geburtsvorgang graute ihr. Nach einem Besuch im Native Maternity Home schreibt sie im Juni 1928 der Mutter: »... in gewisser Weise ist es ja ganz natürlich, aber ich finde, es ist eine grausame Methode, und wünschte, man würde etwas anderes erfinden, – stell Dir vor, wie hübsch es wäre, wenn man auf einem Ei sitzen könnte.«[20]

Mehr der Diana verwandt als der Venus, muß es doch ganz nach ihrem Geschmack gewesen sein, daß Amor nach römischer Sage als Kind von Mars und Venus, von seiner Mutter ausgesetzt, nicht an deren Brüsten, sondern an den Zitzen der wilden Tiere des Waldes hing.

Von wilder Zärtlichkeit zeugt im Schwingenkapitel die Schilderung des Empfangs von Denys Finch Hatton, wenn er aus der Ferne heimkehrte. Weil für sie alle Dinge zu reden anfingen und sagten, wes Wesens sie seien, wenn er bei ihr war, läßt Isak Dinesen, wie sie sich als Autorin des Afrikabuches nennt, ihr Anwesen sprechen: »Wenn er zur Farm zurückkehrte, hieß sie ihn in ihrer Sprache willkommen, der Sprache, deren eine Kaffeepflanzung fähig ist, wenn die ersten Regenschauer sie mit Blüten überschütten wie mit einer kreidigen Wolke.«[21] Man kann sich die Wonnewolken vorstellen, in die sie den Geliebten gehüllt hat. Ihn mit ihren Darbietungen à la Scheherazade zu bezaubern, scheint ihr nur allzu gut gelungen zu sein. Je umgarnter er sich fühlte, desto mehr entzog er sich. Sie konnte das gut verstehen. Die Bindungsängste teilte sie mit ihm. Eben darum hatte sie ihn gewählt. Es lag in der Logik

[20] *Briefe aus Afrika*, S. 424.
[21] *Afrika dunkel lockende Welt* 1959, S. 144.

Denys (1887–1931)

dieser Konstellation, daß sich das anfänglich vielleicht minimale Ungleichgewicht ihrer gegenseitigen Liebe mit jedem Abschnitt ihrer Geschichte zu Ungunsten der immer wieder Verlassenen verschob. Je weniger sie sich im Laufe der Zeit von ihm geliebt wußte, desto grausamer fühlte sie sich als die ewig Wartende gefesselt und der Angst ausgeliefert, ihn nie wiederzusehen. Über Jahre hielt sie ihre Zunge im Zaum, wohlwissend, daß ein Geständnis ihrer verzweifelten Liebe den Bindungsscheuen in die Flucht schlagen würde. »So zum Schweigen verurteilt zu sein, wie ich es hier bin«, schreibt sie ihrem Bruder im April 1926, »das ist ein Gefühl, als wäre man lebendig begraben.«[22] Mit Denys als einzigem Lebensinhalt, Mal um Mal aus dem Himmel seiner kurzen Anwesenheit in schroffen Übergängen in die Hölle »völliger Öde, Leere und

[22] *Briefe aus Afrika*, S. 273.

Finsternis« gestürzt, in der sie während seiner monatelangen Abwesenheit allein in der Hoffnung auf seine Wiederkehr lebte, glaubte sie an ihrer Liebe zugrunde zu gehen.

Erst vier Monate später wagte sie es, den schwärzesten aller Briefe in Begleitung eines helleren an den Bruder zu senden. Indessen hatte sie ihm schon mitgeteilt, daß ihre Zuneigung zu Denys ihrem Leben eine unbeschreibliche Süße gebe. Seit jeher, schreibt sie dem Bruder nun, sei es ihre Gewohnheit gewesen, sich im Glück zu fragen, wieviel davon noch vor ihr liege, und sich zu sagen, »bald würde es zu Ende sein, abgeschnitten werden, die Einschnittstelle konnte man von dort, wo man gerade stand, bereits erkennen«.[23]

Bei dem großen Gespür, über das sie verfügte, mutet es unwahrscheinlich an, daß es ihr entgangen sein sollte, in welches Lotterbett Denys ihr entglitt. Die Freizügigkeit der jungen Beryl war allgemein bekannt. Darin vor allem unterschied sie sich von der älteren Geliebten, die sich derweil mit einer Theorie der »Parallelliebe«, die sie auch als eine Art »Homosexualität« ansah, über ihre Entbehrungen zu trösten versuchte. Kann man sich ein deutlicheres Indiz dafür vorstellen, daß sie wußte, was gespielt wurde?

»Ich habe wohl kein Talent, ein sexuelles Verhältnis als solches mit tiefem Ernst zu betrachten«,[24] schreibt sie im November 1927 an den Bruder. In diesem Brief hat sie noch einmal, wie in ihrem Essay, die Geschlechtsmoral der Zeit ins Visier genommen. Der Sündenfall in Sachen Liebescode ging für sie nach wie vor auf die in der Romantik wurzelnde Vorstellung zurück, man könne eine Ehe auf die Erotik gründen. Die Verwirrung, die aus dem Irrtum hervorgegangen sei,

[23] Ebda., S. 310.
[24] Ebda., S. 363.

etwas Dauerhaftes auf diese gefährliche und unsichere Macht zu gründen, sah sie nur bei einer Minderheit aufgehoben, jenen jungen Leuten, die sexuelle Beziehungen fast zu den normalen Umgangsformen rechneten und für die alles *all right* sei, solange niemand vorgebe, die Sache ernst zu nehmen.

Aus der Vogelperspektive zeichnete sich deutlich ab, daß aus dieser Minorität einmal eine Majorität werden würde. Es lag ihr fern, das zu verurteilen, aber den Preis einer solchen Banalisierung des Eros zu zahlen, wollte sie lieber der Nymphe im Zirkel jener Minderheit überlassen, die ihre Rivalin war. Das Fliegen um des Fliegens willen war ihr eine Wonne, das Vögeln um des Vögelns willen schien ihr schal. Beim Fliegen blieb der Geist mit Leib und Seele verbunden, dieses Band zu lösen war ihr eine unerträgliche Vorstellung. »Entweder hat ein ›sexuelles Verhältnis‹ an sich ein bestimmtes Gewicht, eine Bedeutung über sich selbst hinaus«, schreibt sie an den Bruder, »und ein Irrtum in diesem Punkt ist wirklich ein Unglück oder, wie man früher sagte, ›ein Fall nach unten‹ – oder es existiert ausschließlich zur Freude der Beteiligten und wird im gegenseitigen Einvernehmen eingegangen und aufgelöst.«[25] Um zu zeigen, wie verheerend Verhältnisse sind, die bei aufkommenden Divergenzen nur den Schlußstrich kennen, wählt sie das Beispiel einer Frau, die bei ihr Rat gesucht haben soll: »Ihr Mann verstieß ausgiebig gegen das, was man in früheren Zeiten die Verpflichtung zur ehelichen Treue nannte, und als sie sich beklagte, schlug er ihr vor, sie könne doch das gleiche tun; er habe nichts dagegen. Für sie war das keineswegs zufriedenstellend, da sie keine Wünsche in dieser Hinsicht hegte. Na gut, dann könnten sie sich ja scheiden lassen, was wolle sie

[25] Ebda., S. 370.

denn noch mehr verlangen?«[26] Welchen Rat sie ihr gab, sagt sie nicht, denn wenn sie nicht selbst die Ratsuchende war, teilte sie jedenfalls die Ratlosigkeit.

Von den »gewaltsamen Leidenschaften, die sich selbst so ›ernst‹ nehmen«, hatte sie schon in ihrem Essay geschrieben, sie könnten »keinen glatten Verlauf haben. Das Leben, das sie schaffen, gleicht dem des Pendels, und sie haben Reaktionen, ja die reine Ohnmacht zur Folge.« Da träumte sie noch von einem Minnehof, an dem zur Verfeinerung der Liebe ihre Spielregeln eingeübt werden: »Es wird nicht wenig von dem verlangt, der wirklich spielen können soll. Mut und Phantasie, Humor und Intelligenz ... aber besonders die Mischung aus Selbstlosigkeit, Generosität, Selbstbeherrschung und Anmut, die ›gentilezza‹ genannt wird ...«[27] In dieser Perspektive tauchen dann die Shelley-Zeilen auf, die später in *Out of Africa* wiederkehren:

»Aber ein Spiel kann man sich bis in alle Ewigkeit fortgesetzt denken, (...) so wie Shelley sich im ›Entfesselten Prometheus‹ vorstellt, daß, wenn die ungeheuren Leiden der Menschheit an ihr Ende gekommen und die tyrannischen Mächte von Demogorgon in den Abgrund gestürzt sind, alle menschlichen Leidenschaften

> ... auf dem Lebensfelde
> sich wie zahme, schöne Tiere tummeln solln und spielen.«[28]

Sie kann nicht mehr viel zu verlieren gehabt haben, als es zum Zerwürfnis mit Denys kam. Daß sie ihn mit dem, was sie ihm entgegenschleuderte, verscheuchen wollte, hat sie viel-

[26] Ebda., S. 369.
[27] *Mottos* 1993, S. 61.
[28] Ebda.

leicht erst durch die Szene mit dem Hahn und dem Chamäleon erkannt.

Als das Wichtigste erschien ihr, im Unglück einen Überblick oder Weitblick zu erlangen, eine Distanz zu gewinnen, in der das Verzweiflungsvolle so weit zurückweicht, daß es seine unmittelbare Bedeutung verliert und sich aus der Wirrsal, wie bei einer Anamorphose, eine Gestalt abhebt, die dem Ganzen des Lebens einen Sinn verleiht. Sie hat diese Kunst der Sinnschöpfung einem Zeichenspiel ihrer Kindheit entnommen, bei dem zur Erzählung über die Mißgeschicke eines Mannes eine Zeichnung entstand: sein rundes Haus mit rundem Fenster, davor das langgezogene Dreieck seines Gartens, ein Weg zu seinem lecken Fischteich, aus dem das Wasser mitsamt den Fischen quillt, dazu die Strecken, die der vom Pech Verfolgte, über Steine stolpernd, in Gräben stürzend, im Bemühen, das Loch im Damm des Teiches zu stopfen, nächtens hin- und herirrt. Die Moral von der Geschichte war, daß der Mann am Morgen seiner Unglücksnacht aus dem Fensterauge schaut und im runden Haus den Kopf des Vogels erkennt, im Garten seinen Schnabel, im Weg zum Teich den Hals, im Teich und den Fischen den Leib und die Federn, im überquellenden Wasser den Schwanz und in den Irrwegen, Steinen und Gräben dessen Beine und Krallen. Es war die Gestalt des Vogels, der der Sage nach dafür sorgt, daß das Leben weitergeht: der STORCH.

»Die Enge, in der ich stecke, das dunkle Loch, in dem ich liege – zu welcher Vogelkralle mag das wohl gehören? Wenn die Zeichnung meines Lebens fertig ist, werden dann die anderen einen Storch sehen?«, fragt sich die sieche Erzählerin bei der Niederschrift von *Out of Africa*.[29] Sie selbst hatte im Rück-

[29] *Afrika dunkel lockende Welt* 1959, S. 160.

blick auf ihre Krankheit und die Begegnung mit Denys schon in ihrem Begleitschreiben des schwärzesten Briefes verkündet, sie ahne den Storch. Den »Storch sehen« ist ein Leitmotiv ihrer Briefe, während der reale weiße Vogel mit den schwarzen Schwungfedern im Afrikabuch einen Auftritt hat, der an Vater Storch in Andersens Märchen »Schlammkönigs Tochter« erinnert.

Wie durch ihre Gedanken herbeigezaubert, stand er eines Tages, als sie gerade über das Storchmotiv sinnend am Steintisch vor dem Hause saß, vor ihr auf dem Rasen. Er hatte sich einen Flügel gebrochen und vertraute auf die Fütterung durch Menschenhand. Zwei Jahre lebte er bei ihr. Wie würdevoll er durch die Räume ihres Hauses schritt und welche erbitterten Kämpfe er mit »stolzgesträubten Flügeln« in ihrem Schlafzimmer mit seinem Spiegelbild ausfocht, hat sie in dem ihrem Kikujuboy Kamante gewidmeten Kapitel »Der Wilde im Hause der Weißen« geschildert. In den Konflikt, der für sie darin bestand, daß der Storch außer den Fröschen und Ratten, die man ihm servierte, auch ihre geliebten Gänseküken fraß, hat sie nur die Mutter eingeweiht.

Auch einen Reiher verstand sie zu zähmen. Da Reiher jedoch im Kapitel »Afrikanische Vögel« nicht vorkommen, kann man nur raten, um welche Art es sich gehandelt haben könnte. In diesem Kapitel vergleicht sie eine Schar Nashornvögel mit schwatzenden Erben nach einem Begräbnis. Beeindruckt von der »tiefen, wie in Jahrhunderten eingesogenen Schwärze« ihres Gefieders, das sie an alten Ruß erinnert, begreift sie plötzlich, »daß eigentlich an Eleganz und Eindringlichkeit und Kraft keine Farbe sich mit Schwarz messen kann«.[30] Ein ausgestopftes Exemplar dieser ihr unheimlichen Vögel hat sie mit

[30] Ebda., S. 180.

einem Krug und der aufgeschlagenen Geschichte Dänemarks in einem Ölgemälde verewigt. Dieses im gleichen Format wie jenes Eulenstilleben gemalte Bild sah sie als ihr bestes an und schenkte es dem Geliebten. Nach dessen Begräbnis ging es in ihre Hände zurück und kam mit ihr nach Dänemark. Da war sie nur noch ein Schatten der Frau, die einst in Lamarcks grünende Gärten gezogen war. Je magerer und kränker sie wurde, desto mehr trat ihre Vogelhaftigkeit hervor. Am Ende wog sie noch fünfunddreißig Kilo. Es entsprach ihrem Ideal, mit den Jahren wie ein »ausgemergelter Raubvogel aus einer aussterbenden Gattung« auszusehen, als den sie einen alten Massaikrieger beschrieb, oder wie eine der alten Kikujufrauen zu wirken, »wie Stecken aus Holzkohle, gewichtlos, durch und durch ausgetrocknet, mit einer Art grimmiger Humorigkeit tief innen: edle, hochwertige Spitzenerzeugnisse von unser aller Holzkohlenbrenner«.[31]

Es mutet wie eine ungeheuerliche Ironie des Schicksals an, daß sie 1962 an Auszehrung starb. Sie erfüllte mit ihrem Hungertod jedoch eine eigene Verheißung. In einem Satz am Ende des Chamäleon-Kapitels hat sie ihn um sechsundzwanzig Jahre vorweggenommen: »... als die Zeit kam, da ich nichts mehr besaß, erwies sich's, daß ich selbst für das Schicksal, das sich seiner Last entledigte, die leichteste Bürde war.«[32]

[31] *Schatten wandern übers Gras*, S. 96 und S. 108.
[32] *Afrika dunkel lockende Welt* 1959, S. 235.

II

Thou wast not born for death, immortal Bird!
No hungry generations tread thee down;
The voice I hear this passing night was heard
In ancient days by emperor and clown:
Perhaps the self-same song that found a path
Through the sad heart of Ruth, when, sick for home,
She stood in tears amid the alien corn;
The same that oft-times hath
Charmed magic casements, opening on the foam
Of perilous seas, in faery lands forlorn.

»Du stirbst nicht, Vogel, du lebst ewiglich!
Nein, dich zertritt kein hungriges Geschlecht;
Wie ich dich heute nacht, so hörten dich
In alten Tagen Kaiser schon und Knecht:
Vielleicht das gleiche Lied, das unverhofft
Ruth durch ihr Herz fuhr, als sie, ohne Trost,
Vor Heimweh, in dem fremden Kornfeld stand;
Das gleiche, das so oft
Magie in Zauberfenster trug, umtost
Vom Sturmmeer, im verlornen Märchenland.«

John Keats
(aus: Ode an eine Nachtigall)

Die stumme Nachtigall

Zwei Jahre blieben ihr noch zu leben, als sie für ihr Buch *Schatten auf dem Gras* ein letztes Kapitel schrieb: »Echo von den Bergen«.[33] Die ihr von Gott verliehene Gabe der Inspiration betrachtet sie nun als ihr einziges Eigentum. Im Laufe der Jahre hat sich der Schwerpunkt ihres Wesens aus der Tageswelt ins Dunkel dreier Reiche verschoben: dem schwerelosen ihrer wundersamen Träume, dem Phantasiereich ihrer mit der Abenddämmerung einsetzenden Inspiration und dem Schattenreich der Verschiedenen, in dem alle Verschiedenheit aufgehoben ist. So gleitet sie im Gedankenflug aus den lunatischen Sphären auf das Dach der Welt, wo sich acht verstorbene Freunde, »sicher in Afrikas Erde gebettet«, langsam in Humus verwandeln.[34] Scheinbar gleich gültig taucht der über alles geliebte *Fink* namens Denys als Vierter in der Reihe der genannten Toten auf.[35] »Was hatte mich nur geheißen, je mein Herz an Afrika zu hängen?«, fragt sich die große Ohrentäuscherin, »der alte Erdteil war ganz gut zurechtgekommen, bevor ich ihm auch nur einen Gedanken zuwandte – hätte es

[33] Nur im deutschen Titel *wandern* die Schatten auf dem Gras, und nur die deutsche Ausgabe von *Out of Africa* hat einen schwülstigen Titel.

[34] *Schatten wandern übers Gras,* S. 105; als Dach der Welt sah Tania Blixen das kenianische Hochland an. Vgl. *Mottos* 1993, S. 312.

[35] Die Entdeckung des Vogels im Namen von Denys Finch Hatton verdanke ich Felicitas von Lovenberg.

nicht recht wohl auch so weitergehen können? Da ich selbst keine Antwort darauf fand, schenkte sie mir ein großer Meister. Er sagte:

›... was ist dir Afrika,
was bist du ihm?‹

und dann, lachend:

›Besteht ein dummer Tropf
auf seinem Eselskopf,
läßt seine Füll' und Ruh
und läuft der Wildnis zu:
Duc ad me! duc ad me! duc ad me!
Hier sieht er mehr
so Narrn wie er,
wenn er zu mir will kommen her.‹«[36]

Die Feststellung, daß Afrika auch ohne sie auskam, zeugt von »grimmiger Humorigkeit«. Unklar bleibt, was eigentlich auch so hätte weitergehen können. Die Antwort, daß sie eine Närrin war, die auf einen Kreis von Narren stieß, als sie in die Wildnis zog, scheint nur recht und billig. Wer war der große Meister, der eine so kleine Antwort gab? Unschwer ist das Narrenlied aus *Wie es euch gefällt* zu erkennen, aber was sollten die Edelleute im Ardenner Wald mit Afrika im Sinn haben? Weder vor noch nach dieser Szene kommt die Zeile vor. Auch sonst ist sie in keinem Shakespearestück zu finden und klingt doch irgendwie vertraut. Erst wenn man die Suche aufgegeben hat und mit freischwebender Aufmerksamkeit liest, springt sie plötzlich ins Auge:

»Was ist ihm Hekuba, was ist er ihr?«

[36] *Schatten wandern übers Gras*, S. 106.

Als Quelle der Redewendung: das ist mir Hekuba, im Sinne von »das ist mir gleichgültig«, ist die Zeile jedermann bekannt. Es ist Hamlet, der da spricht. Um in der Frage nach der Schuld am Tode seines Vaters Gewißheit zu erlangen, beschließt er, das Gewissen seines Oheims durch ein Schauspiel zu prüfen. Vorab läßt er sich von einem Hofschauspieler die Rede des Aeneas an Dido über die Ermordung Priams im Beisein Hekubas vortragen und fährt, wieder allein, mit seinem Grübeln fort:

»Ists nicht erstaunlich, daß der Spieler hier
Bei einer bloßen Dichtung, einem Traum
Der Leidenschaft, vermochte seine Seele
Nach eignen Vorstellungen so zu zwingen,
Daß sein Gesicht von ihrer Regung blaßte,
Sein Auge naß, Bestürzung in den Mienen,
Gebrochne Stimm, und seine ganze Haltung
Gefügt nach seinem Sinn. Und alles das um nichts!
  Um Hekuba!
Was ist ihm Hekuba, was ist er ihr,
Daß er um sie soll weinen?«[37]

Hekuba, Glückseligste der Sterblichen, war es bestimmt, die Unglücklichste aller Frauen zu werden. *Omnia perdidimus*, »Alles hab' ich verloren«, läßt Ovid sie klagen. Sie, die »eben noch Königsgattin und Mutter gewesen, ein Bild des blühenden Asiens, jetzt auch als Beute ein schlechter Gewinn«, von Ulixes als Sklavin fortgeführt, eine vermummte Gestalt des Jammers, nachdem sie zur Zeugin des grausamen Todes ihres Gatten Priamus und ihrer Kinder geworden war. Als sie zuletzt

[37] *Shakespeares Dramatische Werke*, übersetzt von A. W. v. Schlegel und L. Tieck, hrsg. und revidiert von Hans Matter, Basel 1950, Bd. I, S. 152.

den einzigen ihr verbliebenen Sohn, das ihr liebste Kind, ermordet findet, verstummt sie im Schmerz, »und eben der Schmerz verschlang ihre Stimme zugleich und die einwärts quellenden Tränen. Sie blieb, einem harten Felsen vergleichbar, starr.« Aus der Versteinerung gerissen, füllt sie sich mit Zorn und kratzt dem thrakischen König Polymestor, dem Mörder ihres Sohnes, mit bloßen Händen die Augen aus. »Was ihrem Fürsten geschah, erregte die thracische Menge, und sie begann nach ihr mit Geschossen und Steinen zu werfen. S i e verfolgt den geworfenen Stein unter rauhem Geknurr mit Bissen. Und aus der Kehle, die Worte formen will, bellt sie.«[38] Als man die Steine wegräumt, liegt dort, statt ihres Leichnams, ein toter Hund.

Beide Hekuba-Phasen im Leben von Tania Blixen warfen eine Frage auf, die nicht zu beantworten war. Im Lebensbuch der beiden Männer, denen ihre größte Liebe galt, waren die ihre Frage betreffenden Seiten leer.[39] Warum hatte sich der Vater umgebracht? Was war sie dem *Spieler* Denys gewesen? Daß sie dem einen, als er sich erhängte, dem anderen, als er von ihr schied, Hekuba war, diesen schrecklichen Gedanken konnte sie nur als Ohrentäuschung zum Ausdruck bringen.

Wie sich im ohrentäuschenden Zitat »Hekuba« in »Afrika« verbirgt, so in der Mythologie Hekate in Hekabe, wie der griechische Name Hekubas lautet. Hekabe wie Hekate leitet sich von »fernhintreffend« ab. Bei Hesiod noch als hilfreiche Allgöttin verherrlicht, wurde die spät aus dem südlichen Kleinasien eingedrungene Hekate zur vampirhaften Göttin der Geister und Gespenster, zur Hadeskönigin. Von Hunden,

[38] Ovid, *Metamorphosen*, übertragen von Erich Rösch, München, Zürich 1983, XIII 527, 539–541, 565–568.

[39] Vgl. Tania Blixen, »Die leere Seite«, übers. von Barbara Henninges, in: *Letzte Erzählungen*, Zürich 1993, S. 145–153.

Toten- und Höllengeistern umgeben, erscheint sie, als Hund angerufen, selbst bellend unter Hundegeheul und nimmt an den Gräbern der Dreiwege, ihrem oberweltlichen Machtbereich, die ihr dargebotenen Hundeopfer entgegen. Skylla ist ihre hundeköpfige Tochter, sie selbst dreiköpfig oder dreileibig.[40] Als Schutzgottheit aller Magie leistet sie bei Verwandlungen und bei allem Liebeszauber Beistand oder sendet

Thorkild Bjørnvig und Tania Blixen, um 1950

Rachegeister und Alpträume. Im Kult mit Artemis/Diana verschmolzen, wurde sie zur Mondgöttin aus dem Schattenreich.

Als Tania Blixen an »Echo von den Bergen« schrieb, lag das Ende der grausamen Geschichte ihrer späten Liebe zu dem zweiunddreißigjährigen Dichter Thorkild Bjørnvig sechs Jahre zurück. Verheiratet und seit zwei Jahren Vater eines Sohnes, verschrieb sich dieser unbeholfene, weiche Mann ganz seiner angebeteten *Dame sans Merci*, auf daß die unberührbare Fünf-

[40] Hekate trägt die Köpfe von Hund, Pferd und Löwe.

undsechzigjährige zur Förderung seiner dichterischen Gaben sein Schicksal lenke und Mut in seine kindliche Seele gieße. Welchen erotischen Verzückungen man sich hingeben kann, ohne die Liebe zu vollziehen, und welches Los der Lust beschieden ist, wenn sie sich selbst negiert, ist in dem Buch *Der Pakt* nachzulesen, das Thorkild Bjørnvig 1974 über diese *folie à deux* veröffentlicht hat.[41]

Abermals als Titania Blixen erwacht, spielte sie mit einem eselköpfigen Zettel von sommernachtstraumhafter Ergebenheit noch einmal die in Afrika einstudierten Rollen durch, von der bezaubernden Circe über die weise Gefährtin bis zur rasenden Hekate, nur die Bettgespielin gab sie nicht. Kein Elfenkönig kam, sie zu schelten, als sie alla Titania den Haarschopf des schamerfüllten Bjørnvig rundherum mit Freesien besteckte und ihm befahl, so vor aller Augen zum Esel gemacht, ihre Freundin Caritas am Bahnhof abzuholen. Bestand er die ihm auferlegten Mutproben nicht, entzog sie sich oder führte sich als wutschäumende Hekate auf. »Magister« redete sie ihn ironisch an und blieb während der vier Jahre ihrer Liaison beharrlich beim »Sie«. Von ihr zum Erlernen der französischen Sprache und Abstreifen seiner dänischen Provinzhaut mit Frau und Kind nach Paris geschickt, teilte er ihr seine Fortschritte mit. Einer seiner Briefe mutete sie so albern an, so bar aller geforderten Weltläufigkeit, daß sie zornentbrannt mit dem Fluch: Möge dieser Schlag den Magister auf den Kopf treffen! auf den Tisch haute. Zu eben dieser Zeit stieß der arme Dichter in Paris mit der Schläfe so heftig gegen eine Tischkante, daß er sich eine schwere Gehirnerschütterung zuzog. Da bedauerte die schuldbeladene Hekate, zu hart zugeschla-

41 Thorkild Bjørnvig, *Der Pakt*, übers. von Gabriele Gerecke, Frankfurt a. M., 1993.

gen zu haben. Die Furcht des Magisters vor ihrer fernhintreffenden Macht muß um so größer gewesen sein, als er sich einbildete, nicht an sie zu glauben.

Es war ein Spiel mit umgekehrten Rollen. Dieses Mal wollte *sie* der herzlose Vogel sein, der sich dem angsterfüllten Chamäleon mal von seiner schönen weißen, mal von seiner schrecklichen schwarzen Seite zeigt und dem kleinen, eher feigen als tapferen Reptil die Zunge abzuzwicken droht, wenn es sich nicht fügen will. Es kam, wie es kommen mußte. Sie trieb auch diesen Geliebten in die Flucht. »Ein mächtigerer Schöpfungsimpuls, eine produktivere Verführung sind mir in meinem Leben nicht begegnet«, lautet Bjørnvigs Resümee.[42] Ihm war sie alles andere als Hekuba. Er hatte geglaubt, ohne sie nicht leben zu können. Warum sie ihn so weit trieb, daß er fürchten mußte, zugrunde zu gehen, wenn er zu ihr zurückkäme, steht auf einem leeren Blatt. Was er *ihr* war, erhellt ihre Sicht des Paktes, die in der Erzählung »Widerhall« Gestalt angenommen hat.

Sie handelt von einer, die alles preisgeben mußte, was sie gewesen war. Ihre Geschichte hatte Tania Blixen schon dreiundzwanzig Jahre zuvor in »Die Träumer« geschildert, ihrer ersten, nach dem Verlust der Farm in Dänemark geschriebenen Erzählung. »Gewaltig« beeindruckt vom Sehnsuchtsstrom, der ihm darin entgegenkam, hatte der damals zwanzigjährige Bjørnvig sie gelesen.[43] In welch teuflischem Ironiebett der Erzählfluß mäandriert, scheint dem Jüngling nicht bewußt geworden zu sein. Das Träumermärchen dreht sich um Pellegrina Leoni, Primadonna der Mailänder Oper. Die weltberühmte Sopranistin ist beim Bühnenbrand während einer Don-Gio-

[42] Ebda., S. 212.
[43] Ebda., S. 45.

vanni-Aufführung als Donna Anna zwar dem Flammentod entronnen, verlor aber dabei für immer ihre Stimme. Die Sängerin hatte nur für die Kunst gelebt, nur ihre Gabe und ihr Publikum geliebt, nicht das der ersten Ränge und königlichen Logen, sondern die Armen und Elenden auf der Galerie. Ihre liebentbrannten Verehrer, die ihr scharenweise zu Füßen lagen, waren ihr herzlich gleichgültig gewesen. Selbst mächtige englische Lords, »die ihretwegen übers Meer gefahren waren«, hatten bei ihr kein Gehör finden können. Keiner war ihr gewachsen, weder vor noch nach dem Brand, denn sie war wie »ein Albatros, der zu kleinen Piepmätzen in einen Käfig gesperrt wird«.[44] Wie man mit dem Feuer spielt und sich, wenn es brennt, davonmacht, soviel hat die beinahe ganz Verbrannte jetzt von den Männern gelernt. Pellegrina Leoni beschließt, Pellegrina Leoni zu begraben. Einer ist ihr behilflich dabei, einer, der nie von ihrer Seite weicht, denn er ist ihr Schatten, ihr Freund auf Distanz und Impresario, ein bleicher alter und vornehmer Jude. In ihrem Auftrag läßt er ein Denkmal mit ihrem Namen, den Lebensdaten und der Inschrift: Durch Gottes Gnade, über einem leeren Grab errichten. Dann wandert die einsame Löwin in heimlicher Treue zu ihrem abgelegten Namen durch die Lande und tritt, unter wechselnden Pseudonymen, in den unterschiedlichsten Rollen im wirklichen Leben auf.[45] Ihr Unglück hat sie gelehrt, sich auf keine Identität mehr festlegen zu lassen. Als *eine* Frau begraben, will sie hinfort eine Vielfache sein: Hure, Heilige und Putzmacherin. In jeder Rolle glänzt sie in mehr als märchenhafter Weise. Auf der Flucht vor dem kleinen Gevögel in Gestalt ihrer Lieb-

[44] »Die Träumer«, übers. von W. E. Süskind, in: *Sieben phantastische Geschichten*, Stuttgart 1980, S. 305.

[45] *pellegrina*, »Pilgerin«, *leone*, »Löwe«.

haber, kann sie schließlich sogar wie ein Mauersegler fliegen, fällt dann aber doch auf die Nase. Am Ende stirbt sie an den Folgen des durch die Penetranz ihrer Verfolger bewirkten Sturzes. »Ihr kleiner Goldfink«, ein großer, hübscher, blonder Aristokrat, der irgendwie an einen Hund erinnert, weshalb man ihm den Spitznamen »Pilot« verpaßte, wollte sie, die ihn als Putzmacherin Lola bestrickt hatte, auf eine Identität festlegen; nicht anders und auf noch brutalere Weise dessen Freund Baron Gyldenstern, ein Großmaul und fühlloser Fraueneinnehmer, dem sie als halbheilige Rosalba kurz vor dem Eindringen ins Allerheiligste eine Nase gedreht hatte. Sterbend kehrt Pellegrina in ihre alte Haut zurück. Was man nicht mehr singen kann, läßt sich doch noch sagen. Mit Donna Annas Rezitativ im Parlando gibt die Löwin ihren Geist auf: »Ich grausam? Oh nein, Geliebter! Schwer wird's mir, zu verzögern ein Glück, das schon so lange unsere Herzen ersehnen.«[46] An eben dieser Stelle der Arie waren einst die brennenden Scheite vom Bühnenhimmel gefallen. Nach Pellegrinas Tod bekehrt sich Pilot zu ihrer Lehre und wird ein Vielfacher. Baron Gyldenstern ist nicht zu helfen. Ob Denys über seine Karikatur gelacht hätte, steht in den Sternen. Brors wurstigem Wesen entsprach es, sich über die seine nicht sonderlich aufzuregen.

Als Scheintote vom Fach taucht Pellegrina in »Widerhall« als noch gar nicht Verstorbene wieder auf. Dreizehn Jahre sind seit dem Stimmverlust im Bühnenbrand vergangen, als sie auf der Flucht vor einem lästigen Liebhaber mittellos durchs Gebirge streunt und in einem entlegenen Nest einen düsteren Alten, der, »still und geduldig wie ein Toter«, in der Bäckerei ein Brot kauft, um die Hälfte davon anbettelt. Dieser ist ein alter

[46] Mozart/da Ponte: »Crudele? Ah no, mio bene! Troppo mi spiace allontanarti un ben che lungamente la nostr' alma desia.«

Matrose, der sich vor fünfundsechzig Jahren versündigte, ein Seelenverwandter des *Old Mariner* von Coleridge, nur war sein Opfer kein Albatros, sondern ein Kaplan. Als letzter Überlebender eines Schiffbruchs verspeiste er die rechte Hand des bereits verhungerten Seelsorgers. Seither fürchtet der Kannibale, von den Dorfbewohnern gesteinigt zu werden, und hält sich die Menschen vom Leibe. Der seltene Vogel in seidenen Kleidern, der da zu ihm eingedrungen ist, stellt sich ihm als gefallener Engel dar, der seine Flugfedern verkommen ließ und abwarf, so daß er nicht mehr abheben könne, allein das Flattern von einem Fleck zum anderen beherrsche er noch. In engelhafter Keuschheit verbringt Pellegrina die Nacht in den Armen des Alten: »Ein mächtiges, stummes Zittern lief durch den starren, ungeschlachten Männerleib neben ihr; es war, als begännen die Knochen in ihm zu brechen. Er hob einen Arm und schlang ihn schwer um ihre Brust. Der zottige Kopf folgte der Bewegung; er bohrte sich hinein in die Frische ihres Haars und die Weichheit ihrer Brust – ja, einen Augenblick suchte und drängte er da wie ein Säugling, der bei der Mutter trinken will. Nur eine Sekunde, dann löste sich der Krampf der Glieder, er sank von ihr weg und schlief. Auch sie war bald eingeschlafen. Ein paarmal während der Nacht wachte sie auf und hörte sein leises, tiefes Atmen.«[47] Am Morgen schickt sie der Kannibale in die Dorfkirche. Fromm ist er unter der Sündenlast nicht geworden. Er schätzt Gotteshäuser als Orte, an denen man nicht gesteinigt werden kann.

In der Kirche hört Pellegrina einen Zwölfjährigen das Magnificat singen. Von gewaltiger Freude überströmt »und wie in Licht getaucht«, fällt sie in Ohnmacht: die helle Stimme des Knaben ist ihre verlorene. Als sie wieder zu sich kommt, steigt

47 »Widerhall«, übers. von W. E. Süskind, in: *Letzte Erzählungen*, S. 236.

ein von Tränen begleitetes Lachen in ihr auf. »Gott liebt eben Dakapos«, sagt sie sich und sinniert, ob nicht »der Flammentod des alten Phönix und die strahlende Geburt des jungen in Wahrheit ein und dieselbe Sache« waren. Aus dem Knaben soll durch ihre Unterweisungen ein großer Sänger werden. Schon imaginiert sie sich bei seiner zukünftigen Premiere »hinten auf der Galerie verborgen« wie »der Leichnam im Grab, der seiner eigenen Auferstehung beiwohnte«.[48] Verjüngt durch die Liebe zu dem Knaben, der sich ganz in ihre Hände gibt, unter deren Obhut er schnell heranreift, träumt sie sogar davon, in drei oder vier Jahren seine Geliebte zu sein. Daß der Piepmatz für die weiblichen Reize ihrer Albatrospracht bereits empfänglich ist, läßt sie triumphieren: »Ich habe ihn in meinen Krallen, (...) er wird mir nicht entgehen.«[49] Mit ganzer Seele Sängerin, prüft sie vor dem Unterricht, »ob der Brustkorb ihres Schülers auch weit genug sei, sein Mund groß genug und sein Gaumen hoch genug gebaut. Die Lippen mußten weich und ausdrucksfähig sein, die Zunge schmiegsam und weder zu lang noch zu kurz. Sie sah jetzt schon, daß in allen diesen Punkten der junge Sänger vor ihr ohne Tadel war. Sein Brustkasten war wie ein Weidenkorb voller Lauch und Würzkraut, sein Hals war säulenstark. Sie spürte ihre eigene Lunge in diesem Leibe Atem holen und spürte seine Zunge in ihrem Mund.«[50] Der Leser ahnt, daß das nicht mit rechten Dingen zuging. Wie sich der Kopf des alten Matrosen in ihre Brust gebohrt hatte, so preßt sie nun den des Jungen mit seinem dichten Wuschelhaar, in das sie so gerne mit den Händen fährt, gegen ihre Löwinnenbrust. Mit der Paarung muß man noch

[48] Ebda., S. 247.
[49] Ebda., S. 250.
[50] Ebda., S. 249.

warten, dennoch hat sie der Jüngling schon erkannt. Sie ist gar nicht Signora Oreste, wie sie vorgab, sondern die berühmte Sängerin Pellegrina Leoni, von der es heißt, sie sei an ihren Brandwunden gestorben. »Der Knabe überließ sich ihrer Zärtlichkeit ebenso wie ihrem Unterricht ohne Erstaunen und ohne Abwehr. Bei aller Wildheit ihrer Umarmungen hatten sie doch miteinander immer ein Gehaben von großer zeremoniöser Höflichkeit und gleichsam gegenseitiger Ehrerbietung.«[51] Freesien kommen in »Widerhall« nicht vor. Dennoch wird es dem Knaben allmählich mulmig, so daß er sich seiner übermächtigen Lehrmeisterin entzieht. Diese überlegt, »ob sie ihn am Ende überanstrengt oder auf irgendeine Weise verletzt hatte. (...) Es hieß nun vorsichtig sein; es hieß das Vögelchen heimlocken.«[52] Als ihr das Vögelchen sein vierfaches »Nein« entgegenschreit, erkennt sie in seinen verzerrten Zügen »ein kleines Altweibergesicht«. Sie verfolgt den vor ihr fliehenden Knaben, bis er ihr, in die Enge getrieben, entgegenschleudert, wie er sie sieht: als Hexe und Blutsaugerin. Die Gute kann es nicht fassen. »Sie stand so still da wie er, denn bei dieser langen Abschiedsklage, dieser Abschiedsverfluchung hatte seine Stimme all den Klang gehabt, den sie hätte haben sollen, wenn die Meisterin eines Tages daraus gemacht hätte, wozu sie bestimmt war. Es war Didos Wehklage, Alkestes heroisches Opfer, von Pellegrina Leonis Stimme gesungen.«[53]

Nicht genug der Vampirbeschimpfung, schmeißt der Kerl auch noch mit Steinen nach seiner Verfolgerin, die ihn nun ihrerseits in rasender Wut als feige Seele beschimpft. Als sie sich jedoch inmitten der Tirade ihrer Stimme bewußt wird, hält sie

51 Ebda., S. 256.
52 Ebda., S. 268.
53 Ebda., S. 270.

jählings inne: »Was das Brüllen einer Löwin hätte sein sollen, war das Zeichen einer Gans und bereitete ihr Schmerzen in Hals und Brust.«[54] Der erste Stein des undankbaren Kerls, den sie endlich laufen ließ, hatte sie an der Stirn getroffen. Ein Kainsmal blieb zurück, nachdem das Blut abgewaschen war. Nun fürchtet sie sich wie der alte Matrose vor den Leuten, die das Zeichen sehen. »Ich muß fort von hier«, sagt sie sich, »das kann nicht schön sein, wenn man gesteinigt wird.«[55]

Pellegrina gibt sich als Signora Oreste aus. Sie für Oreste zu halten, den Rächer des Vater- und Geschwistermords seiner verruchten Mutter und ihres Neffen und Geliebten, stellt Tania Blixen als eine Irreführung dar. Sie liebte ihre Mutter, auch wenn sie in ihren Augen die falsche Frau für den Vater gewesen war. Das ließ die in Treue um ihren Gemahl trauernde an dessen Tod nur um so unschuldiger erscheinen. »Mein innig geliebtes schneeweißes Lamm«, redet die Tochter ihre Mutter in den Briefen aus Afrika an. In ihrer Mythomanie identifiziert sie sich als Pellegrina mit Alceste, deren Gemahl ihrem Opfertod sein Überleben verdankt, und vor allem mit Dido, der Selbstmörderin aus Liebe. Wie in ihrem Leben ging der Liebestragödie beider Heldinnen in der Jugend der Verlust des ihnen liebsten männlichen Wesens voraus. Alceste wurde der Vater, Dido der angetraute Oheim ermordet.[56] Als der geliebte

[54] Ebda., S. 272.

[55] Ebda., S. 274 f.

[56] Alceste, die als einzige der Töchter des Königs Pelias nicht an dessen Ermordung beteiligt war, hebt mit ihrem Selbstopfer die Schuld ihres Gemahls Admetos auf, der bei der Hochzeit versäumte, der Artemis zu opfern. Dido flieht nach der Ermordung des Gatten, da man auch ihr nach dem Leben trachtet, nach Afrika, wo sie Karthago gründet. In der *Aeneis* wird Aeneas dorthin verschlagen, begegnet Dido, und es ist um beide geschehen. Auf einer Jagdpartie vor einem Unwetter Schutz in einer Höhle suchend, erkennen sich die Liebenden. Auf Jupiters Befehl muß Aeneas Dido nach wenigen glücklichen Monden verlassen. »Ratlos tobt sie umher«, fleht um

Sängerknabe in seiner Abschiedsraserei klingt, als trage er die Arien »Alcestes Opfertod« und »Didos Klage« vor, hat die arme Löwin ihr Ziel erreicht. Er brüllt für sie. Ähnlich zornig, verzweifelt und insgeheim erlöst, wie die Erzählerin einst in Afrika bei ihrer Gockelbeschimpfung gewesen war, schrieb Bjørnvig seinen Abschiedsbrief. Die Wunde der Löwin, die zu heilen er aufgerufen schien, sollte er noch vertiefen. Andere Wege der Wunscherfüllung gibt es für wundenleckende Löwinnen nicht.

In der Erzählung »Die leere Seite« ist diese nicht aus Papier. In einer Reihe goldgerahmter Entjungferungsbeweise, die in einem Kloster ausgestellt sind, ist ein Bettlaken-Bild makellos: ein weißes Blatt der Unschuld. Beredter als alle fleckigen Lakenausschnitte mit ihren zufälligen Mustern, die sich jeder nach seinem Gutdünken auslegen kann, ist das jüngferliche Leintuch, vor dem alle Welt in tiefstes Nachdenken versinkt, beredt wie die Stille am Ende einer Geschichte, die sich selbst treu bleibt, lehrt uns die Erzählerin.

Welchen Berührungen sich die Unberührbare der *folie à deux* hingab, verrät uns der leise Atem des angeblich alten Matrosen, in dessen Armen Pellegrina die Nacht verbringt. »Gründlich und verzückt« leerte Bjørnvig die Wein- und Schnapsgläser, die seine Gastgeberin ihm kredenzte, während sie selbst sich an der schieren Luft berauschte, die sie in seiner

Erbarmen, verflucht den Treulosen. »Ach, mich erfaßt der Furien Wahn! (...) Aber ich hoffe, dich wird (...) Zwischen den Klippen die Rache ereilen! (...) Ich folg aus der Ferne mit Furienfackeln, / Und, wenn der eiskalte Tod die Glieder gelöst von der Seele, / Zieht mein Schatten dir nach, wo du weilst. Du büßest, Verräter!« Bevor sie sich auf dem brennenden Scheitergerüst in das Schwert des Aeneas stürzt, ruft sie die »auf den Scheidewegen bei Nacht mit Heulen verehrte Hekate« an. Vergil, *Aeneis*, unter Verwendung der Übertragung Ludwig Neuffers übers. und hrsg. von Wilhelm Plankl. Stuttgart 1954, 1989, Vierter Gesang, 300ff.

Gegenwart umwehte. »Wenn ich schließlich im Schlafzimmer nebenan zu Bett ging, blieb sie im Zimmer sitzen, und wenn ich dann in meinem glückseligen Rausch benebelt ausgestreckt unter der kühlen Bettdecke lag, öffnete sie die Tür und legte eine Platte auf. Manchmal schlief ich zur Musik ein, manchmal hörte ich sie ganz leise die Tür zuschieben.«[57] Ganz so wird es nicht immer gewesen sein. Man kann sich denken, wie es für Frau Bjørnvig war, »Widerhall« zu lesen. Schlimmer noch mag es für Bjørnvigs Geliebte gewesen sein. Blauäugig wie er war, hatte er Tania Blixen von ihr erzählt, da sie ihm förmlich eingebläut hatte, sich zu verlieben. Aber doch um Gottes willen nicht mit wem und wie es *ihm* gefällt!

Keats habe geschrieben, teilte sie Bjørnvig eines Tages mit, Shakespeares Leben sei ein Gleichnis gewesen, seine Werke seien die Kommentare dazu.[58] So wollte sie auch ihr Leben und ihre Werke verstanden wissen. Der reiche alte Jude aus den »Träumern« hat sich in »Widerhall« in einen armen alten Matrosen verwandelt. Der erste war vor seiner Begegnung mit Pellegrina ein schwarzgalliger Weltenbummler, Komponist und Wollüstling, der siebzehnjährige Ballerinas nackt zu seiner Musik tanzen ließ und sich zu Tode langweilte. Der zweite war ein wildes Kind, das seiner kleinen Schwester mit einem Stein die Nase einschlug; daß er sich als Seemann in Not an der rechten Hand eines heiligen Mannes verging, mutet weniger wild als verzweifelt an. Im Bereich des väterlichen Schattens darf der Kaplan nicht fehlen, der als Märtyrer, wenn schon nicht im Leben, so wenigstens als Leichnam seine rechte Hand opfert. In den »Träumern« fällt der Kaplan, kaum aufgetaucht, auch schon tot um. Die Szene spielt im Luzern der

57 *Der Pakt*, S. 89.
58 Ebda., S. 30.

tollen Putzmacherin, die im Tumult der Barrikadenkämpfe gegen die Klerikalen den Aufständischen die Gewehre reicht. Lolas Pilot schießt an ihrer Seite einfach ins Blaue, trifft zufällig den Kaplan des Bischofs von Sankt Gallen und wird auf diese lächerliche Weise zum Revolutionshelden und Mörder. Das Bild des erschossenen Geistlichen quält den kleinen Goldfink so sehr, daß er sich fühlt, als gäbe es für ihn auf Erden keine Zuflucht mehr – ganz wie einst die Erzählerin beim Verlust der Farm.

Die Schriften ihres Vaters Adolph Wilhelm Dinesen, seine Essays, Reiseberichte, Jagdbriefe und Schilderungen aus dem Paris der Commune, waren für sie der Fundus, aus dem sie die Priesterröcke, Bischofsmützen, Kommunardinnenperücken und alle das Vaterleben verklärenden Requisiten zog. Listig hat sie die widersprüchlichen Eigenschaften seiner Person auf ihre Figuren verteilt: den Genießer und den Kämpfer auf verlorenem Posten, den Einsiedler und den rastlosen Weltreisenden, den Freund der Wilden und Retter der Verfolgten, den Liebhaber schöner Frauen und Revolutionär, den Sympathisanten der Commune, der einem adeligen Abbé das Leben rettet, indem er ihm seine Papiere zur Verfügung stellt, den Geliebten einer Diva der Pariser Oper, die sich bei den Kommunarden für die Freilassung des Erzbischofs von Paris einsetzt.[59]

[59] »Gegen Ende der Commune-Zeit stand ich eines Tages und betrachtete die gestürzte Vendôme-Säule. Ein Mann kam herzu und stellte sich neben mich. ›Was soll man von Leuten halten, die unsere stolzesten Denkmäler zerstören?‹ sagte er. Weil man damals seinen Mund hüten mußte und viele Leute vorbeikamen, antwortete ich nicht. Kurz darauf sprach er mich wieder an, und als ich schwieg, wandte er sich zu mir und sagte: ›Kennen Sie mich nicht? – Ich bin Monsieur de T.‹ ›Monsieur l'Abbé!‹ entfuhr es mir. ›Rufen Sie doch nicht so laut‹, unterbrach er mich, blickte sich scheu um, schob seinen Arm unter den meinen und zog mich die Strasse hinunter. Er war ein Feldgeistlicher im 1864er Krieg gewesen, aus der Zeit kannte ich ihn. Jetzt war er in Zivilkleidung geschlüpft und hatte seinen Bart wachsen

Die Eltern von Tania Blixen, Ingeborg und Adolph Wilhelm Dinesen.

Als einer, der Hand an sich legte, kommt er nicht vor. Der alte Seemann hat die sündige Hand gefressen, damit sein alter ego in Gestalt des Kaplans am jüngsten Tag unbefleckt auferstehen kann. Schuld oder Nichtschuld, das war Tania Blixens Frage. Was hatte der Vater verbrochen, daß er sich auf so grausame Art umbringen mußte? Hätte sie, sein liebstes Kind, ihn retten können? Da es die Mutmaßung gab, daß er sich wegen einer unheilbaren Krankheit aus Furcht vor einem Ende in der Umnachtung das Leben nahm, hat sie die Syphilis, mit der

lassen. Am nächsten Tag lieh ich ihm meinen Paß; auf den hin bekam er einen Fahrschein für die Eisenbahn, wo an den Bahnhöfen die Nationalgarde Wache hielt (...) und er schaffte es durch die Vorpostenkette ...« Wilhelm Dinesen, *Paris under Communen*, Kopenhagen 1873, tb Kopenhagen 1968, S. 173 f. Auf S. 175 folgt dann die Geschichte der Opernsängerin, die sich um die Freilassung des Erzbischofs bemüht. Ich danke Hanns Grössel für die Übersetzung.

Bror sie im ersten Afrikajahr ansteckte, als Siegel der Vaterverbundenheit beinahe wie eine Gnade auf sich genommen. Als sie in ihrer Jugend über den Selbstmord aufgeklärt wurde, hat sie die bösen Gefühle gegen den Vater, der sich mit seinem Strick so gnadenlos selbst denunzierte, in sich begraben. Auf dem Grollgrab türmten sich die Steine der Schuld. Den Hund, der darunter begraben lag, nannte sie *Dusk*, »Abenddämmerung«.

Der Windhund starb in Afrika im Jahr ihrer Begegnung mit Denys. Noch war es Dusk, den sie über alles liebte, als sie mit ihm und Bror sowie dem Farm-Buchhalter von Huth, der das Paar auf dem Motorrad begleitete, im Auto zu einer Safari unterwegs war. Eine Panne nötigte die Blixens, auf von Huths Vehikel Abschlepphilfe zu holen und Dusk mit dem Buchhalter zurückzulassen. Die Baronin schärfte ihm ein, ihren Liebling weder aus den Augen noch von der Leine zu lassen. Von Huth scherte sich nicht darum, und so lief Dusk, seinem Namen gemäß, in der Abenddämmerung auf und davon. Die verzweifelte Suche nach dem Tier blieb zunächst ergebnislos. Es war Farah, der Dusk kurz vor dem Verenden abgemagert und elend in den Bergen fand. Ein von ihm totgebissenes Zebrafohlen lag neben ihm. Es hatte dem Hund mit einem Hufschlag die Brust zerquetscht.

Wenige Tage vor dem Verschwinden des Hundes hatte seine Herrin noch ihr Leben riskiert, um das seine zu retten, als sie ihn auf einer Bahnstation in letzter Sekunde von den Schienen eines heranrasenden Zuges riß. »Dabei wäre es für ihn besser gewesen, er wäre dort gestorben«, klagt sie der Mutter in einem Brief. »Ich schreibe heute mit sehr traurigen Herzen«, beginnt sie ihr Lamento, »ich habe großen Kummer, fast den größten, der mich hier treffen kann: Ich habe Dusk verloren. Noch dazu auf so traurige Weise; es ist schwer daran zu denken, daß der

Hund, der mir sein ganzes Leben lang ein so guter Freund war und auf den ich so stolz gewesen bin, auf diese Art sterben mußte – und durch meine eigene Schuld! (...) Ich glaube, wenn ich sterbe, werde ich ihn wiedersehen und dann werde ich ihn ganz herzlich um Verzeihung bitten, daß ich von ihm weggegangen bin. Mein wunderbarer, treuer Dusk. Ich vermisse ihn so sehr, und wenn ich auch siebzig Jahre alt werde, kann ich, glaube ich, nicht an ihn denken, ohne zu weinen ...«[60]

Sie sah es dreiunddreißig Jahre später gewiß nicht als Zufall an, daß das Jahr ihrer Begegnung mit Denys Bjørnvigs Geburtsjahr war. Sie ging auf die Siebzig zu, als sie Bjørnvig nach einem Gespräch über die Masken des Alters »schwärmerisch verzückt« verkündete: »Aber eines ist sicher, eines weiß ich: ich werde ein unvergleichlich schönes Skelett, und darauf freue ich mich.«[61] Zur Bekräftigung schickte sie noch ihr geheimnisvolles schiefes Lächeln hinterher.

Als Tochter eines Zugvogels und andere Hälfte eines solchen vermachte sie den Erlös aus ihrem Werk und den Park in Rungstedlund den Vögeln, die Jahr für Jahr ihr Anwesen mit dem Land ihres Herzens verbinden. Besonders nah war ihr die Nachtigall, die am 8. Mai in Rungstedlund einzutreffen pflegte. In einer Radioansprache beschwor sie die unglaubliche Kraft in der kleinen Nachtigallenkehle, »die zitternd vor- und zurückspringt«, und malte ihren Zuhörern aus, daß ein vergleichbares Stimmvolumen im Verhältnis zum Gewicht beim Menschen bewirken müßte, daß ein auf dem Rathausplatz gesungenes Duett in Amsterdam, Prag und Oslo zu hören wäre.[62]

[60] *Briefe aus Afrika*, S. 114 und 117.
[61] *Der Pakt*, S. 154.
[62] *Mottos* 1993, S. 295.

In »Die Träumer« phantasiert der alte Jude, von einer schlagenden Nachtigall inspiriert, ein Ballett, das von allem handeln sollte, was Pellegrina und ihm widerfahren war. »Philomele« sollte das Ballett heißen. In Ovids *Metamorphosen* heißt die von ihrem Schwager Tereus vergewaltigte und der Zunge beraubte Jungfrau Philomela. Ihre nichtsahnende Schwester Progne betrauert sie an einem leeren Grab, weil Tereus ihr weisgemacht hat, daß sie verstorben sei. »Groß ist des Schmerzes Geist im Erfinden, es kommt der Not manch glücklicher Einfall.«[63] Die Geschändete verfertigt ein Gewebe, das den überlebten Frevel verrät, und läßt es der Schwester überbringen. In rasender Rachsucht schlachtet Progne den eigenen Sohn, kocht ihn in einem Kessel und läßt den ahnungslosen Gemahl sein eigen Fleisch und Blut verspeisen. Dann schleudert die stumme Philomela ihrem Peiniger das blutige Haupt seines Sohnes ins Gesicht. Am Ende schwebt Progne als Rauchschwalbe, Philomela als Nachtigall vor dem sie verfolgenden Tereus in Gestalt eines Wiedehopfs davon.

Als Närrin, die einen Narren an Narren gefressen hat, versuchte Tania Blixen in »Echo von den Bergen« die Gnadenlosigkeit, mit der sie sich selbst mystifizierte, in Ironie aufzuheben. Wie ihr Vater, wie Denys, wie Bjørnvig in Wirklichkeit gewesen waren, ihr allzu menschliches, eher feiges als tapferes Wesen, das war *ihr* Hekuba. Ihrem Mythos treu, sah sie ihr Leben als in den Ngongbergen begraben an. Das Schicksal spielte gleichsam keine Rolle mehr. Sie war nun Schicksal, sie war es mit der Feder auf dem Papier für ihre erfundenen Figuren, und sie erlag zu ihrem eigenen Leidwesen der Versuchung, es auch mit den lebenden zu spielen. In der Machtlosigkeit über die

[63] Ovid, VI 574 f.

eigene Macht hatte sie schon in *Out of Africa* das Verhängnis der Genialität erkannt.

Als flügellahmer Albatros und stumme Philomela in ihr Bett im ersten Stock hinaufgetragen, entschlief sie im Vertrauen auf den Fittich des Todes. Auf ihren Wunsch wurde am Grab der einhunderteinundzwanzigste Psalm gelesen: »Ich hebe meine Augen auf zu den Bergen, von denen mir Hilfe kommt.« Eine Handvoll Erde aus Afrika, die sie in einem Holzkästchen aufbewahrt hatte, vermischte sich in ihrem Grab mit der Erde im Park von Rungstedlund. In den Grabstein am Fuße der »Ewalds Höhe« ist nur ihr Name gemeißelt. Jenes Grab in den Bergen des anderen Kontinents überragt ein Obelisk mit der Inschrift einer Zeile aus dem *Alten Matrosen* von Coleridge: »HE PRAYETH WELL WHO LOVETH WELL/BOTH MAN AND BIRD AND BEAST«.

Anita Albus, geb. 1942 in München, studierte in Essen-Werden Graphik und begann ihre künstlerische Karriere als Autorin von Kinderbüchern. Berühmt wurde sie vor allem durch ihre minutiös gemalten Naturdarstellungen, von Pflanzen, Vögeln, Schmetterlingen, die vielfach ausgestellt wurden. Neben der Malerei hat sich Anita Albus auch der Literatur gewidmet, als Autorin von Erzählungen (u. a. ›Liebesbande‹), einem Roman (›Farfallone‹) und einer Reihe von kunsthistorischen Essaybänden – ›Die Kunst der Künste‹, ›Paradies und Paradox‹ u. a. –, die zu Kultbüchern wurden. Zuletzt erschien ihr Buch ›Von seltenen Vögeln‹. Für ihr vielseitiges künstlerisches Werk wurde sie mehrfach ausgezeichnet, u. a. mit dem Johann-Heinrich-Merck-Preis für literarische Kritik und Essay (2004).

Anita Albus lebt in München und im Burgund.